JOB

La Vérité

SUR LA

Question de Population

Contre la Correctionnalisation
de l'Avortement

❖ ❖ ❖

75 Centimes

EDITIONS DE " L'IDÉE LIBRE "
CONFLANS-HONORINE (SEINE ET OISE)

—

1924

Éditions de " L'IDÉE LIBRE "

Publications mensuelles de l'Idée Libre. — Brochure n° 87

JOB

o o o

La Vérité

SUR LA

Question de Population

Contre la Correctionnalisation de l'Avortement

❖ ❖ ❖

75 Centimes

EDITIONS DE " L'IDÉE LIBRE "
CONFLANS-HONORINE (SEINE ET OISE)

1924

Tous ceux qui s'intéressent au bien-
être et au progrès de l'Humanité, tous
ceux qui aiment la justice et la vérité,
doivent lire cette brochure.

L'avortement. — La correctionnalisation de l'avortement, au point de vue moral.

La population. — Ses lois. Fausseté des allégations
antimalthusiennes sur la « dépopulation » de la France et
le surpeuplement futur des pays voisins.

La natalité et la guerre. — Une forte natalité pousse à
la guerre.

La sélection régressive. — Nous en subissons déjà les
effets. Elle s'accentuera par l'effet des lois sur l'interdiction de la propagande néo-malthusienne et sur l'avortement.

Bien-être et densité de population. — On vit plus heureux
dans les pays relativement moins peuplés. Faits probants.

Conclusions. — Jésuitisme des « repopulateurs ». La nouvelle loi sur l'avortement prouve l'absolu mépris du peuple
de ceux qui l'ont votée.

L'Avortement

TABLEAU I

A Paris, sous le règne du Bloc national, qui vient de « correctionnaliser » l'avortement, au lieu de donner des secours aux mères pauvres. La scène représente l'un des salons de M. X..., député, un de ceux qui ont tout récemment réclamé, puis voté, au nom de la morale et de la repopulation, la loi correctionnalisant les affaires d'avortement.

SCENE I

ROSE, la jeune bonne, époussette les meubles du salon. L'une des portes s'ouvre. Entre LEON, le fils de la maison, jeune voyou de dix-huit à vingt ans.

LÉON, *un peu railleur*

Bonjour !

ROSE, *froidement*

Bonjour.

LÉON, *s'approchant*

Comme vous avez bonne mine ce matin !

(*Il lui prend la taille.*)

ROSE, *irritée, se dégageant avec peine*

Allons ! vous ne finirez jamais, vous voulez que j'ap-

pelle ? Je vous promets que si vous y revenez, j'appellerai.
Je dirai quelle est votre conduite, je vous ferai passer pour
ce que vous êtes.
(*Elle sort.*)

LÉON

Toujours la même... (*sournois*) puisque le sort nous
rapproche.

⁂

SCENE II

LÉON, *seul, à lui-même*
Je veux pourtant l'avoir, depuis trois mois qu'elle est
là, et le moment doit être bon pour un assaut, elle a les
joues roses. Elle n'aura pas le culot d'appeler, et puis
je verrai bien, ce n'est pas ce que je risque.

(*Il regarde de tous côtés dans le salon, puis se cache
derrière un fauteuil.*)

⁂

SCENE III

*ROSE entre, en jetant dans la pièce un coup d'œil
défiant. Elle se remet à son travail. LEON se lève,
s'approche doucement et la renverse sur un ca-
napé.*

ROSE

Monstre !

Rideau...

TABLEAU II

*Six mois plus tard. Le tribunal correctionnel. Rose, pâle
et amaigrie, est au banc des accusés. Les magistrats
sont à leurs places. Le président a le nez dans ses pa-
piers. C'est un monsieur à favoris, un bourgeois dont la
femme ne sera jamais inculpée d'avortement, mais dont*

le fils a déjà, et bien souvent, abusé des bonnes de ses parents, tout comme le fils du député, ancien patron de Rose.

SCENE UNIQUE

Le Président, à Rose
Vous vous appelez Rose Poirier, vous êtes née en 1904 ? *(Murmure affirmatif de Rose.)* Vous vous êtes fait avorter, pourquoi ?

Rose, *faiblement, les yeux noyés de larmes*
J'avais pas le moyen d'élever un enfant...

Le Président, *rogue*
Alors, fallait pas devenir enceinte, fallait être sage. *(Il feuillette un instant. A ses collègues.)* De l'enquête, il résulte que ce serait le fils de ses patrons... Enfin, ce n'est pas lui qui s'est fait avorter, et c'est un fils de famille à qui on ne saurait rien reprocher. *(A Rose)* Vous n'avez rien de plus à dire pour votre défense ?

Rose, *faiblement*
Je n'étais pas une fille d'une mauvaise conduite...

Le Président, *impatient*
Enfin, vous êtes devenue enceinte et vous vous êtes fait avorter. C'est bon. *(A ses collègues, bas)* Il n'y a qu'à appliquer la loi, rien de particulier *(A Rose)* Le tribunal vous condamne à deux ans d'emprisonnement. *(Le garde emmène ose, chaîne au poignet. Le président lit sans lever les yeux, Rose n'est pas encore sortie.)* Nous avons maintenant l'affaire Breton, l'avortement de la femme Breton...

Cette fois, l'accusée est une mère de huit enfants, une ouvrière naturellement, la répression de l'avortement ne s'exerçant pas contre les riches, contre celles qui ont le moins d'enfants et qui pourraient en élever le plus.

LA POPULATION

Le règne du Bloc national nous a valu, entre autres
maux, la correctionnalisation des affaires d'avortement.
Pareille loi n'aurait pu venir d'aucune Chambre ayant
quelque souci de la dignité et du bien-être du peuple.
Elle ne vise et n'atteint que les ouvrières ; la femme riche,
qui a beaucoup moins d'enfants, lui échappe complètement.
Pour celui qu'inspire vraiment l'intérêt général, pour le
vrai démocrate, pour l'homme juste, l'État ne devrait inter-
venir en ce qui touche la natalité que pour assurer l'entretien des enfants et la vie des mères, ou pour permettre aux
femmes qui ne peuvent être mères, pour des raisons dont
elles sont juges, d'éviter la maternité.

Beaucoup de gens, en France, vivent dans la misère,
certains en meurent. Cela étant, seuls des réactionnaires
avoués ou déguisés pouvaient forger des lois en vue d'obliger les ouvrières à enfanter. Mais ces réactionnaires eux-
mêmes n'auraient pas oser forger ces lois s'ils n'avaient été
couverts, si leurs mobiles véritables n'avaient été masqués.
L'opinion a été et reste circonvenue par la propagande antimalthusienne, par l'action des « repopulateurs ». On a dit
et écrit que l'avenir de la France était menacé par la dépopulation ; on a osé dire qu'avoir beaucoup d'enfants était
une source de richesse. Ces affirmations, fausses mais sans
cesse répétées, ont fini par obscurcir des vérités élémentai-
res. Et, pour beaucoup, l'utilité d'agir contre la dépulation
excuse les lois antimalthusiennes, leur odieux caractère de
mesures destinées à rendre plus fécondes les classes qui le
sont déjà le plus et qui sont en même temps les plus pauvres.

Rétablissons donc la vérité.

On peut affirmer en toute assurance, après examen, que
le mouvement démographique européen ne sera pas dans
les prochaines années, et surtout dans les prochaines générations, ce qu'il a été avant la guerre et dans le dernier
siècle.

La population française n'est pas stationnaire, et surtout elle n'est pas appelée à diminuer. La population des
deux grands pays voisins, l'Angleterre et l'Allemagne, n'est
pas appelée à continuer d'augmenter. Et le spectre de l'in-

vasion et de la conquête future de la France par des voisins prolifiques s'évanouit.

La population de l'ensemble de l'Europe a triplé dans le siècle dernier, mais cet accroissement fut tout à fait anormal. Cela est indiscutable. Si l'accroissement avait toujours été aussi rapide depuis Jésus-Christ, il y aurait aujourd'hui de trillons d'Européens, en partant du chiffre de dix millions qui est certainement fort au dessous du réel.

C'est seulement depuis le dix-neuvième siècle qu'il y a des recensements, mais nous savons, par des documents fiscaux, que la population européenne n'a pas augmentée entre 1600 et 1700. En France, il y eût même une légère diminution, grâce aux guerres de Louis XIV et aux famines qui suivirent.

Pourquoi la population de l'Europe s'est-elle tant accrue de la fin du dix-huitième siècle à 1914 ? Simplement parce que ses ressources ont augmenté. De grands changements économiques se sont produits avec la naissance et le développement de la grande industrie, avec les nouveaux moyens de transports — bateaux à vapeur, chemins de fer. Le nombre d'habitants d'un pays est limité essentiellement par ses ressources économiques, lesquelles sont déterminées par la nature du pays, du sol, du sous-sol et par sa situation politique. Si, par suite d'un changement quelconque, la population est très faible par rapport aux ressources, elle se met à augmenter très rapidement jusqu'au jour où elle est à peu près proportionnée aux moyens du pays. C'est ce qui se passe actuellement pour les « pays neufs ».

La France, n'étant pas riche en charbon, s'est trouvée mal dotée pour le développement de la grande industrie. Celle-ci, s'est développée au maximum en Angleterre et en Allemagne, où le charbon est en abondance. Les pays occidentaux les mieux pourvus de matières premières, et surtout de charbon, sont devenus, pour un temps, les grands fournisseurs du monde en objets ouvrés. Leur population a crû très vite. Les autres, ceux restés surtout agricoles, ont vu leur population augmenter lentement, voire diminuer, même avec une natalité très élevée, comme celle de l'Espagne ou de l'Irlande. C'est la population industrielle qui a augmenté. En Allemagne, la population agricole comptait dix-neuf millions d'individus, il y a cinquante ans, elle en comptait dix-sept, en 1914.

Peut-on affirmer que la population de l'Angleterre et
de l'Allemagne va cesser d'augmenter ? Oui, car l'Europe
est entrée dans une ère nouvelle. La guerre a amené de
profonds changements économiques et sociaux. Le plus
important de ces changements est la fin des « latifundias »
en Russie, dans les Pays Ba tes, en Roumanie, en Tchéco-
Slovaquie. Dans tous ces pays, jusqu'ici essentiellement
agricoles, la terre est maintenant beaucoup plus divisée
qu'en France, et il y aura bientôt une grande classe de
petits propriétaires peu prolifiques, au lieu d'un prolétariat
rural grand procréateur de miséreux et d' migrants. La
guerre a accéléré une évolution qui était commencée depuis
la fin du siècle dernier. Les pays occidentaux, les grands
exportateurs d'objets ouvrés trouvent maintenant des con-
currents dans les autres parties du monde. La concurrence
grandira fatalement, car elle vient surtout des « pays
neufs ». Et dès maintenant l'Angleterre apparaît surpeu-
plée. Elle souffre du chômage et ce chômage n'est pas un
mal passager, les documents publiés par l'Administration
anglaise l'attestent. Sa natalité baisse rapidement, l'émigration augmente. L'Angleterre verra, dans un avenir très
prochain, sa population cesser de croître. Attendez les statistiques concernant la natalité et l'émigration anglaise en
1922, ce sera probant. Quant à l'Allemagne, sa population
aurait déjà diminué si les Allemands avaient pu, depuis
la guerre, émigrer par millions. Les lois restrictives des
Etats-Unis en ont arrêté beaucoup, momentanément. La
population allemande a bien augmenté depuis 1918, mais
cela tient à la rentrée dans leur pays d'origine des mino-
rités allemandes de Pologne et de Russie, qui ont fui la
famine ou les persécutions (1). L'Allemagne d'avant 1914,
devait, en partie sa prospérité à sa puissance politique, à
ses traités de commerce avantageux, à ses fabrications de
guerre, à son prestige. Ces avantages ont disparu. Il est
probable que dans quelques années, la population tendra
plutôt à diminuer en Allemagne. En tous cas, elle cessera
de s'accroître.

---

(1) Il est très vraisemblable que la population allemande a diminué en 1923. Nous apprenons que la natalité des villes allemandes
est tombée au-dessous de ce qu'elle est dans les nôtres et l'émigration a pris de grandes proportions.

Les antimalthusiens parlent, lorsqu'il s'agit de la France, comme si le mouvement démographique d'un pays s'exprimait uniquement par la natalité et la mortalité. Mais dans les pays trop peuplés (ou si l'on veut trop pauvres), manquant de ressources, l'émigration enlève l'excédent de naissances, en totalité ou en partie. Au contraire, dans les pays qui pourraient avoir plus d'habitants sans inconvénient, l'immigration s'ajoute à l'excédent de naissances ou en tient lieu. Dans l'année 1922, il y a eu en France, 70.000 naissances de plus que de décès, cela ne représente qu'une partie de l'augmentation véritable de la population. Il faudrait ajouter à ce premier nombre celui des immigrants qui deviendront Français avec le temps. Nos nationalistes affectent, il est vrai, de redouter l'immigration. Mais un pays de trente-huit millions d'habitants pourrait recevoir deux cent mille immigrants par an, cela ne changerait pas son caractère national. Les immigrants ne pourraient créer des antagonismes nationaux dans la nation que s'ils arrivaient en masses compactes, comme naguère aux Etats-Unis, comme en Argentine, ou s'ils appartenaient à une race non assimilable, ce qui n'est pas (1).

La natalité française peut baisser encore, la population ne baissera pas et les Français de l'avenir n'en seront pas plus mauvais. Tous les hommes de gauche devraient se pénétrer de cette vérité et ne plus se laisser tromper par la propagande antimalthusienne, qui ne sert qu'à couvrir les entreprises de la réaction.

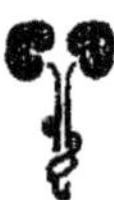

------

(1) L'immigration pourrait d'ailleurs être organisée, sélectionnée. canalisée. Dans certaines régions de la moitié Est de la France. il y aurait peut-être intérêt à remembrer les terres par voie législative et à établir des colons.

LA NATALITÉ ET LA GUERRE

Nous avons expliqué que le nombre d'habitants d'un pays est limité par les ressources économiques de ce pays, et que le mouvement de la population ne s'exprime pas toujours seulement par la natalité et la mortalité. D'autre part, il est faux que la population française doive diminuer. Celle des pays voisins cessera d'augmenter rapidement, pour des raisons économiques impérieuses. Le grand argument des antimalthusiens : « l'invasion future de notre pays par des voisins prolifiques » est complètement faux.

Une faible natalité provoquera non pas l'invasion, la guerre, mais l'immigration, qui est chose avantageuse pour les anciens habitants du pays, les immigrants se chargeant d'abord des travaux rudes et mal payés. Par contre, le plus simple bon sens impose l'idée qu'une forte natalité conduit infailliblement à la guerre, dans un temps plus ou moins long. Par une forte natalité, un peuple se condamne lui-même, inconsciemment, à être un mauvais voisin, du moins s'il est relativement puissant. Dans un pays déjà surpeuplé, comme plusieurs pays d'Europe, sinon la plupart, une forte natalité amène l'émigration. C'est ce qui arriverait chez nous. Si les émigrants s'en vont dans un pays étranger et lointain, ils ne tardent pas à être dénationalisés ; ils sont perdus pour leur pays d'origine. Et cette perte est déplorable, au point de vue national. Il en résulte fatalement que le pays considéré a une tendance constante à s'étendre, à élargir ses frontières aux dépens des autres pays, à faire la guerre à ses voisins, à entreprendre même des conquêtes lointaines contre des populations moins bien armées. Cette tendance ne tarde pas à être justifiée par la théorie politique, par ceux qui flattent et exploitent le sentiment national : « Nous avons le droit de vivre ; nous sommes à l'étroit sur notre territoire et nos voisins n'exploitent pas leur pays : notre peuple doit avoir le droit de se développer librement ; nous, nous avons de la vitalité, il nous faut de l'espace. »

Voilà les « raisonnements » qui ont cours chez toutes les nations conquérantes. Ils font d'une entreprise de conquête une guerre défensive. Le pays « défend ses intérêts. »

Naturellement, les peuples qu'il s'agit de déposséder résistent et ils ont raison. Mais c'est la guerre.

La forte natalité amène la guerre aussi par d'autres processus, principalement par les rivalités commerciales qu'elle fait naître. Les pays dont la population augmente parce qu'ils sont favorisés au point de vue industriel, mais dont l'agriculture est déficitaire, sont sans cesse à la recherche de clients, d'acheteurs et de vendeurs dans les pays étrangers. Ils ont à vendre des objets ouvrés et à acheter des produits alimentaires. Ils se font concurrence les uns aux autres et lorsqu'ils se sentent gravement menacés, ils ont recours à la force pour établir ou pour maintenir leur domination économique.

Quelles ont donc été les causes profondes, les causes réelles de la catastrophe qui s'est abattue sur nous en 1914 ? Le crime des gouvernants d'alors ? Non. Ces gouvernants, pris en bloc, n'étaient ni meilleurs ni plus mauvais que ceux qui les avaient précédés et que ceux qui les ont suivis. La rage de conquête de l'Allemagne ? Tout homme averti doit savoir qu'il faut laisser cela au magasin des accessoires de nos nationalistes. Si l'Allemagne avait eu la conquête pour mobile déterminant, elle nous aurait fait la guerre quelques années plus tôt. Rappelons-le : la Russie a contenu pendant presque trois ans, la moitié de l'ensemble des forces allemandes, autrichiennes et turques. Or, elle eût été à peu près impuissante au moment de sa guerre avec le Japon et pendant la crise qui l'a suivie. L'Allemagne eût été, à ce moment-là, inévitablement et promptement victorieuse.

En réalité, la guerre a été « préparée » par une rivalité commerciale anglo-allemande, le moment en a été « déterminé » par une rivalité militaire russo-alemande, et ces rivalités elles-mêmes ont été amenées par la forte natalité anglaise, allemande et russe. Si l'Angleterre et l'Allemagne n'avaient eu qu'une natalité égale à celle de la France, leur industrie se serait néanmoins développée, ces pays ayant en abondance « le pain de l'industrie », mais le développement eût été beaucoup plus lent. Il n'y aurait pas eu concurrence anglo-allemande, ou tout au moins celle-ci ne serait venue que beaucoup plus tard et nous n'aurions pas eu la guerre !

On peut observer que la France n'était pas obligée de prendre parti dans ces rivalités anglo-allemande et russo-allemande, mais c'est un fait qu'elle était l'alliée des ennemis de l'Allemagne. Si la natalité française avait été plus élevée, la guerre qui est venue en 1914 serait venue plus tôt. Aucun doute. La France ne pourrait avoir autant d'habitants que l'Allemagne, faute de charbon, de facilités industrielles, mais elle pourrait avoir, avec beaucoup plus de misères, quelques millions d'habitants de plus. Son commerce extérieur serait alors beaucoup plus important. Sa production agricole serait nettement déficitaire. Il faudrait exporter davantage pour pouvoir importer davantage. La rivalité commerciale anglo-allemande eût donc été doublée d'une rivalité commerciale franco-allemande. Cela eût probablement contribué à rendre plus vive l'animosité que l'on entretenait chez nous contre l'Allemagne. D'autre part, si l'armée française avait été un peu plus nombreuse, l'Allemagne se serait sentie menacée plus vite, elle n'aurait pas attendu que les armements et les lignes stratégiques russes fussent aussi avancés. Elle aurait déclanché plus tôt sa « guerre préventive », son « attaque de défense ».

Demain, comme hier, les mêmes causes produiront toujours les mêmes effets.

Demander une forte natalité pour la France, c'est littéralement demander un accroissement considérable de la misère et la guerre à brève échéance.

LA SELECTION A REBOURS

La sélection « régressive » est un mal auquel on ne songe vraiment pas assez dans les milieux où l'on désire l'adoucissement de la condition des classes pauvres, dans tous les groupes où l'on voudrait améliorer la société, que ce soit par évolution ou par changement brusque. Ce mal, on l'oublie complètement, on paraît l'ignorer. Pourtant, améliorer les institutions, exclure la misère, répandre l'instruction, donner à chacun sa juste place, en un mot faire un monde meilleur, cela sera impossible si la sélection régressive continue ses ravages et surtout si elle les accentue. Croire que le progrès soial est compatible avec l'abaissement de l'intelligence et de la moralité des gens, c'est croire que la charrue peut marcher en sens inverse des bœufs qui la tirent. Et la sélection régressive s'accentuera par l'effet des lois antimalthusiennes récentes, lois rendues possibles par l'intoxication de la propagande antimalthusienne et le caractère malfaisant du Bloc national.

Chcun doit savoir qu'aujourd'hui, en France, la fécondité surnormale est, dans le peuple liée à l'ignorance et à la bassesse morale. L'individu qui a beaucoup d'enfants est généralement fort au-dessous de la moyenne intellectuellement et moralement. C'est l'ivrogne, c'est l'ignorant, c'est la brute, c'est, à la campagne, celui qui exploite ses enfants comme bêtes de somme. Cette constatation ne doit choquer personne. Il y a sans doute des ouvriers intelligents qui ont beaucoup d'enfants, mais alors ce doit être tout à fait exceptionnel. Personnellement, ayant toujours vécu dans les milieux populaires, nous avons eu l'occasion d'observer mille exemples qui tous parlent dans le même sens. Citons-en quelques-uns de typiques, il s'agit de personnages encore vivants :

A..., dix enfants. C'était un métayer qui occupait ses gosses aux travaux de la ferme et à la garde des troupeaux, dès que cela était possible. L'école était, pour ce père, chose accessoire dont les enfants pouvaient se passer. Lui-même travaillait moins qu'il eut dû travailler s'il n'avait pas eu d'enfants. Il était l'exploiteur de ses propres enfants. Soulignons tout de suite que les cas semblables sont particulièrement fréquents. On pouvait en observer plusieurs autres dans la même petite commune et dans le même temps.

Quittons la campagne, C..., onze enfants. C'est l'ivrogne vulgaire qui donne des « enfants à la France » quand il est saoul, mais qui est incapable de les élever convenablement. B..., quatre enfants, à trente ans. Ce n'est pas précisément un ivrogne mais un hurluberlu et un insouciant qui ne s'en fait pas pour l'avenir, veut faire l'amour à son aise, sans s'inquiéter des résultats. Il enverra sa femme faire le siège des bureaux de bienfaisance, de tous les endroits où l'on donne des secours aux familles nombreuses. L..., dix-sept enfants, de plusieurs femmes. C'est un inconscient et surtout un individu dénué de sens moral. Il se vante de sa nombreuse postérité. Elle pourrait être plus nombreuse encore, car elle ne lui coûte rien, il travaille et n'a jamais travaillé que pour lui-même.

On pourrait multiplier les exemples à l'infini. Pour les enfants « illégitimes », la qualité des procréateurs n'est pas meilleure. L'ignorance, l'inconscience, la bestialité même sont les principaux éléments qui font naître les enfants « naturels ». Cela est incontestable, au moins pour celui qui a l'expérience des hommes. Les cas qui pourraient être cités seraient souvent plus caractéristiques, et plus abjects que pour les enfants légitimes.

Stérilité relative des meilleurs, large fécondité des plus mauvais. — C'est un fait. Cette sélection à l'envers s'exerce en France depuis deux générations, depuis que les procédés néo-malthusiens ont commencé à être connus dans le peuple. (Ils l'étaient déjà dans la bourgeoisie depuis au moins un demi-siècle). Au début, son action était faible, mais avant la guerre déjà, il n'était pas rare d'entendre parler de la « dégénérescence » de la nation française, en France même et dans les pays voisins. Il n'y avait pas dégénérescence mais une « sélection » qui opère maintenant dans presque toute l'Europe occidentale. Elle est seulement plus ancienne en France. Ses effets sont déjà certains. L'activité intellectuelle paraît plutôt diminuer dans le peuple, alors que logiquement ce devait être le contraire. Il n'y a pas plus d'ouvriers dans tous les endroits ou l'on s'instruit qu'il n'y en avait en 1914, il n'y en avait pas plus en 1914 qu'en 1900. Les universités populaires sont tombées, rien ne les remplace.

Si cette sélection à l'envers devait se poursuivre, dans deux générations presque tout le peuple serait issu de la partie la moins intelligente et la plus perverse du peuple actuel. La misère intellectuelle et morale ne tarderait pas à amener la misère physique. Ce serait la régression puis l'écroulement de la civilisaiton. Les Européens tomberaient au-dessous des races les plus arriérées.

Sans doute, cela ne se produira pas. On reconnaîtra, avant d'en arriver là, la nécessité de faire cesser le mal. On finira par s'apercevoir que le néo-malthusianisme n'a rien d'immoral, que les populations qui l'ignorent sont plus déréglées en amour que celles qui en font usage et que c'est chose naturelle puisqu'il est, en réalité, un réfrigérant. On admettra que la limitation volontaire des naissances est une absolue nécessité avec le développement de l'hygiène et la diminution de la mortalité infantile. On devra reprendre pour les appliquer les principes qui avaient inspiré, en Suisse, le projet de loi Welti.

L'amour est un droit, étant une nécessité. Procréer ne peut pas être un devoir quand ce n'est même pas toujours moralement un droit.

Le jour où les femmes ne seront plus mères que lorsqu'elles le voudront, la sélection naturelle qui est progressive, reprendra son cours.

Il est malheureusement à craindre qu'auparavant la sélection a rebours nous fasse beaucoup de mal. En France, si l'interdiction de la propagande néo-malthusienne et la

correctionnalisation de l'avortement font naître quelques
milliers d'enfants de plus, de qui viendront ces enfants ?
Les bourgeois n'en auront pas un de plus, les ouvriers intelligents et débrouillards n'en auront pas non plus davantage. Ils viendront des gens les plus arriérés et ils feront
diminuer un peu plus la valeur moyenne des individus.

Nul ne peut ignorer que la qualité des individus soit
chose primordiale. Tous, anarchistes, communistes, socia-
listes, syndicalistes, hommes de progrès, tous doivent com-
prendre le mal immédiat et le danger peu éloigné qu'est la
sélection regressive. Tous devraient saisir la malfaisance
de l'antimalthusisme, la nécessité de réclamer une entière
liberté de non-procréation.

BIEN-ETRE ET DENSITÉ DE POPULATION

Le péril de la dépopulation n'existe pas, même au point
de vue nationaliste. Une faible natalité amènera, non pas
l'invasion mais l'immigration, une forte natalité pousse à
la guerre et la catastrophe de 1914 est résultée, en définitive, de la forte natalité anglaise et allemande. Les lois
antimalthusiennes ne feront qu'accentuer une sélection
regressive déjà désastreuse, en dehors des misères indivi-
duelles qu'elles ne peuvent manquer de créer. Tout cela
étant établi, considérons les rapports qu'il y a entre la
densité de population d'un pays et le bien-être de ses habitants.

Nous avons dit que le nombre d'habitants d'un pays quelconque est limité par les ressources économiques, par la
puissance productive de ce pays. Il faut laisser à cette der-
nière expression son sens le plus large. La puissance productive de l'Angleterre, par exemple, tient en majeure
partie dans sa domination sur les mers, l'Inde, l'Afrique du
Sud, l'Egypte, etc. Ajoutons maintenant : si le maximum
est atteint, la majorité des gens vivent dans la misère.

Avec ce qui suffirait pour entretenir convenablement
trois personnes, on peut en entretenir quatre, mais alors
l'entretien sera médiocre, misérable. Il est d'un intérêt pri-
mordial que le nombre des hommes soit notablement infé-

rieur au plus haut chiffre possible, que l'on envisage un
pays particulier ou l'ensemble du globe.

Que peut-on observer dans les pays peuplés au maxi-
mun ou presque ? D'abord, dans l'ensemble et comparativement avec les contrées moins surchargées d'habitants,
les gens travaillent beaucoup. Il faut de grandes peines
pour un petit résultat. Les producteurs, qui sont la grande
majorité, n'obtiennent pas tout le nécessaire et n'ont pas
la vie assurée. Malgré l'utilisation parcimonieuse du sol,
dans les régions les plus fertiles mais aussi les plus peu-
plées de la Chine et de l'Inde, la population meurt
périodiquement de faim. Les affamés se comptent souvent
par millions. Et la famine ne se produit pas dans toutes
les régions, mais dans une zone principale. Trop dense, la
population ne peut constituer les stocks de réserves diverses qui la garantiraient contre les conséquences des mau-
vaises récoltes. En Europe, si l'on met à part la Russie la
famine ne revêt plus guère les formes aiguës qu'elle pré-
sente souvent en Chine. dans l'Inde et dans diverses autres
contrées, notamment dans l'Afrique française du Nord.
Mais elle est permanente, chronique dans une partie de la
population de presque tous les pays européens. La nouvelle
organisation économique de l'Europe, la grande industrie a
modifié la manière de vivre d'une grande partie des gens,
elle a changé la forme des maux. Des personnes meurent
littéralement de faim isolément, chaque jour il y a des sui-
cides causés par la misère. La « grande presse » nous fait
connaître ces choses en deuxième page, après nous avoir
donné, en première des articles pour la repopulation.

Dans les pays relativement peu peuplés, la famine est
inconnue et il n'y a guère de misère, au sens européen du
mot. La classe pauvre est moins pauvre. Les journées de
travail sont plus courtes. Les ouvriers sont mieux payés,
ils jouissent de plus de confort.

En Argentine, il y a seulement trois habitants par
kilomètre carré, mais un ouvrier de Buenos-Avres peut se
procurer avec son salaire trois ou quatre fois plus de
viande ou de pain qu'un ouvrier parisien de même pro-
fession. En Australie et en Nouvelle-Zélande, la situation
est identique, pour la même raison, population clairsemée,
fort au-dessous du maximum possible. En Sibérie, les Russes immigrés trouvent des conditions de vie beaucoup
plus avantageuses qu'en Russie. Le pays est très peu peu-
plé, les produits alimentaires sont obtenus à bien meilleur
compte.

D'ailleurs, en France même, pourquoi avons-nous beaucoup d'immigrants Italiens ? Pourquoi beaucoup d'Italiens viennent-ils travailler chez nous ? Parce qu'ils y trouvent plus d'avantages que chez eux. Et, en définitive, parce que notre pays est moins surpeuplé que le leur.

En France, la journée de huit heures reste encore souvent inappliquée ; en Australie et en Nouvelle-Zélande, elle est déjà ancienne. Beaucoup de professions en sont à la journée de sept heures, voire de six heures. Et l'ouvrier australien ne se distingue guère du bourgeois par son extérieur, sa mise.

La faible densité de population n'empêche nullement les gens de jouir des avantages intellectuels et autres particuliers à la vie des villes. Cinquante pour cent de la population australienne vit dans des agglomérations de plus de six mille habitants. Ce pourcentage n'est atteint nulle part ailleurs. L'Argentine a une superficie qui est plus de cinq fois celle de la France, pourtant la capitale renferme à elle seule un cinquième de la population totale.

En France et en Europe, on attribue toutes les misères du peuple à la mauvaise organisation sociale. Sans doute, il est bien vrai que nous souffrons des lois, que des gens consomment trop, tout en ne produisant rien, que les capitalistes cherchent surtout à réaliser de grands profits et à payer les ouvriers le moins possible. Mais dans les pays peu peuplés, cités plus haut, l'organisation sociale est sensiblement la même qu'en Europe. Il y a aujourd'hui partout des riches et des pauvres. En vérité, quelle que puisse être l'organisation sociale, si les hommes sont trop nombreux la disette et la misère s'ensuivent.

Il n'y aurait pas besoin de lois spéciales, les hommes tendent naturellement à se multiplier, à devenir trop nombreux. Il y a presque toujours beaucoup d'enfants là où les enfants n'appauvrissent pas sensiblement les parents. Nos classes bourgeoises européennes sont très peu prolifiques, parce qu'il faudrait s'imposer une diminution de luxe et rapetisser les patrimoines, ce qui serait humiliant. Mais les souverains, rois et empereurs, dont les revenus sont pratiquement presque illimités, ont en moyenne beaucoup d'enfants. Dans tous les pays faiblement peuplés, où il y a comparativement très peu de misère, la natalité est très élevée. Comme à l'excédent local de naissances s'ajoute l'immigration, ces pays évoluent rapidement vers un peuplement semblable à celui de l'Europe. La population des Etats-Unis, du Canada, de l'Argentine, du Brésil, de l'Australie a environ triplé depuis cinquante ans. En France, pendant tout le dix-neuvième siècle, les années de bonnes récoltes ont été régulièrement suivies par des années de forte natalité. Le fait est enregistré, les statistiques sont probantes sur ce point.

On procrée trop, dans presque tous les pays, et la population de l'Europe est beaucoup trop nombreuse. M. Hoover, ministre du Commerce des Etats-Unis, n'est certes pas un propagandiste malthusien, mais il déclarait en 1919, parlant des maux de l'Europe : « En Europe, il y a cent millions d'Européens de trop. » En Russie, un des premiers soins des bolcheviks, qui n'avaient pas à ménager les intérêts de la bourgeoisie, et qui voulaient seulement le bien du peuple, fut de rendre la maternité libre, de légaliser l'avortement et de permettre qu'on le pratiquât dans les hôpitaux. Quoi qu'on puisse penser du bolchevisme, quelques critiques que l'on puisse lui adresser, les principes de justice et de raison apportés par les bolcheviks en matière de procréation méritent d'être signalés et applaudis.

CONCLUSIONS

De tout ce qui précède, il résulte qu'à tous les points de vue, il est avantageux pour la société d'avoir peu d'enfants et que, d'autre part, il serait avantageux de faire cesser la sélection régressive. S'il n'en était pas ainsi, aurait-on le droit de demander aux gens qu'ils fassent de lourds sacrifices, qu'ils se privent du nécessaire pour élever beaucoup d'enfants ? Non. La société doit être faite pour l'individu et non l'individu pour la société. La liberté de l'individu devrait être sacrée dans tous les cas où elle n'est pas un attentat contre la liberté ou le bien-être d'autrui. La liberté « morale » de ne pas faire d'enfants est au-dessus de toute discussion sérieuse.

Parmi nos maîtres repopulateurs, il y en a bien peu, si toutefois il y en a, qui ont senti clairement ce qui est dit dans les chapitres précédents, mais la plupart le perçoivent plus ou moins confusément. Car tout cela est à la portée d'un homme cultivé d'intelligence moyenne. Particulièrement, l'immigration et la sélection régressive sont des faits qui crèvent tous les yeux. Les prêcheurs de repopulation ne sont donc pas sincères. Cela est facile à contrôler. Ceux qui fournissent les fonds de la propagande antimalthusienne, comme ceux qui la dirigent, sont presque tous des bourgeois ayant peu d'enfants légitimes. « Donnez l'exemple », leur crie-t-on. Ils ne donnent pas l'exemple et pourtant ils continuent leur action.

Les « repopulateurs » voudraient beaucoup d'ouvriers, pour qu'ils se fassent concurrence et travaillent à bas prix ; beaucoup de soldats, pour le « jeu de la guerre », pour faire des conquêtes, pour asservir des populations étrangères ; beaucoup de femmes, pour leurs plaisirs, grands ou menus.

Ils tiennent aussi à consolider leur situation. Grâce à la propagande pour la repopulation, on s'aperçoit que les libres penseurs ont en moyenne moins d'enfants que les gens restés soumis à l'Eglise ; ces derniers font mieux leurs « devoirs ». Il faut donc maintenir la puissance de la religion, la renforcer si possible. La religion, c'est la résignation. L'éteignoir, voilà un remède pour beaucoup de maux. Les pauvres hères soumis à l'Eglise se consoleront de leurs misères terrestres par l'espoir des félicités de l'autre monde. Ils se résigneront plus facilement à un sort misérable, ils « respecteront » leurs « supérieurs », selon

les commandements de l'Eglise, ils ne songeront pas à les
déboulonner de leurs trônes. La propagande antimalthusienne ne s'arrête pas à soutenir seulement la religion. Il
conviendrait de récompenser ceux qui font largement leur
devoir en donnant beaucoup d'enfants à la France. Certains
conservateurs préconisent, pour cela, l'établissement du
« vote familial ». Les pères de familles nombreuses auraient
plusieurs voix, et comme presque tous sont des ouvriers
inconscients, on obtiendrait peut-être ainsi de meilleures
élections. Enfin, il faut protéger la famille, combattre les
idées dissolvantes qui stérilisent la race, tout en mena-
çant l'ordre social...

Relativement à la natalité, on disait, un peu naïvement,
que toute la propagande pour la repopulation ne ferait pas
naître un enfant de plus. Certes, pas un seul enfant ne
doit son existence à l'effet « direct » de cette propagande,
mais ceux qui la dirigeaient espéraient-ils accroître le
nombre des naissances par la simple persuasion ? Certes, non.
Son rôle a été de préparer l'opinion pour l'interdiction de
la propagande néo-malthusienne, puis pour la « correctionnalisation de l'avortement », cette loi ignominieuse. Ces lois
eussent été impossibles, la seconde surtout, si le public et
une partie des députés n'avaient pas été circonvenus par la
propagande antimalthusienne. Sans avoir la majorité, les
« representants du prolétariat » pouvaient empêcher le vote
de cette loi barbare, de cette loi exclusivement dirigée contre les prolétaires. qu'est la correctionalisation de l'avortement. Mais on avait répété si souvent : « La France se
meurt ; nos voisins se multiplient, notre pays sera
envahi ». Ces affirmations, mille fois reproduites, étaient
devenues des vérités premières pour tous les esprits super-
ficiels, pour beaucoup de ceux qui ne s'étaient jamais appe-
santis sur les lois de la population.

Il faut s'arrêter à cette correctionnalisation de l'avortement. Aucune autre loi ne saurait caractériser aussi bien la
Chambre du Bloc National L'avortement n'a jamais été
autorisé en France, mais jusqu'alors les « coupables ».
relevaient du jury qui les acquittait le plus souvent. Cela
ne pouvait durer. Pour nos répugnants jésuites, qui n'ont
pas d'enfants avouables ou qui en ont deux au maximum,
il fallait substituer des juges professionnels au jury, des
condamnateurs automatiques aux juges capables de senti-
ments humains. Le bétail ouvrier est déjà fécond, il devrait
l'être davantage, pour mieux soutenir la fortune de ses
maîtres.

Parmi toutes les lois que nous devons à cette législat...
de réaction, aucune ne nous paraît plus odieuse, plus anti-
démocratique, plus outrageante pour la raison et l'esprit de
justice. Cette loi est vraiment de « classe ». Elle est faite
par la classe riche pour la classe pauvre exclusivement, elle
frappera uniquement des femmes des milieux populaires.
On ne voit jamais de femmes riches impliquées dans les
affaires d'avortement, bien que la natalité soit beaucoup
moins élevée chez les riches. Toujours, il s'agit de pauvres-
ses, jeunes filles ou femmes déjà mères de plusieurs
enfants. La femme riche ne se confie qu'à des mains exper-
tes. Elle a tout le temps nécessaire, elle a « son » médecin.
Les nouvelles dispositions judiciaires agiront exclusivement contre les femmes du peuple, elles n'auront aucune
action sur la classe riche qui est précisément la classe
stérile et tous ceux qui les ont établies, votées, le savent
pertinemment.

Ce n'est pas tout. Parmi les femmes pauvres, lesquelles
seront surtout frappées ? Celles qui seront vraiment trop
pauvres pour avoir même un seul enfant, celles qui seront
déjà surchargées d'enfants et qui ne sauront se débarrasser
elles-mêmes de leurs fœtus ; enfin, et très souvent, des jeunes filles inexpérimentées. On sait, on le constate chaque
jour, que ces jeunes filles sont surtout des servantes de
campagne et des bonnes, surtout des bonnes. Et c'est ici,
que cette loi prend son caractère particulièrement ignoble.
Qui abuse des bonnes ? Qui les méprise et passe sur elles
sa lubricité ? Qui profite de leur isolement et de leur fai-
blesse physique pour s'emparer d'elles ? Qui se fait un jeu,
un amusement de les engrosser, de les plonger dans la
misère ? « Monsieur » ! le fils de la maison, quelquefois
même monsieur le père, le patron !

Des bourgeois de toutes variétés engrosseront des pau-
vresses, comme par le passé, avec la même inconscience. Et
avec la nouvelle loi sur l'avortement, ils prétendront les
obliger à enfanter ou les assurer du « châtiment ». Députés
sénateurs ont des fils qui abusent des bonnes — quand ils
ont des fils et s'ils n'abusent pas eux-mêmes — avec séré-
nité ; ils poussent ces jeunes ouvrières dans les griffes de
la « justice ». C'est cependant au nom de la repopulation et
de la « morale » qu'ils ont rédigé et voté cette loi. Comment
qualifier ?

Constatons au moins qu'ils ont montré là leur hypocrisie
sans bornes et leur absolu mépris du peuple.

JOB.

Ajouter 0.05 par brochure pour recevoir franco.

QUESTION SEXUELLE

L'EDUCATION SEXUELLE (nouvelle édition, revue et augmentée) par *Jean Marestan.*

Ce volume, dont le tirage a dépassé 130 mille exemplaires, vient de reparaître, augmenté d'une centaine de pages avec des chapitres nouveaux tels que : « *Epousailles* », « *Mariage et Union Libre* », « *Le Dépeuplement probable des Grandes Nations civilisées* », etc.,

Prix du volume : 7 francs. Franco : 7 fr. 75.

LA VIE SEXUELLE ET SES LOIS, par le Dr Nystrom (Préface du Dr A. Marie). — Un superbe volume de 350 pages, grand format. — L'étude à la fois la plus libérale et la plus scientifique qui ait été publiée sur la Continence, la morale sexuelle conforme à la nature, l'analyse physiologique du plaisir, etc., etc. Le volume : 10 fr. ; franco : 11 fr. 15.

Dr Genest, *Traité pratique des maladies vénériennes,* illustré, 8 fr. 25.

Dr Genest, *Traité pratique des maladies des femmes,* illustré, 8 fr. 25.

Dr Genest, *Les maladies du retour d'âge,* 8 fr. 25.

Dr Genest, *Traité pratique d'hygiène de la grossesse,* illustré, 8 fr. 25.

Dr Genest, *Comment prévenir et guérir les maladies des enfants,* 8 fr. 25.

Achetez tous vos livres à l'IDEE LIBRE ! Demandez notre Catalogue de Librairie, très complet.

ADRESSER LA CORRESPONDANCE A ANDRÉ LORULOT,

à **CONFLANS-HONORINE,** (Seine et Oise)